Logbook

und weitere Geocaching-Kurzkrimis

KapuzinerA

Für alle Cacher,
mit denen ich schon
ein Team gebildet habe!

Vorwort

Liebe Cacher,

dies ist ein Buch mit ganz besonderen Kurzgeschichten. Ich bin seit vielen Jahren begeisterter Geocacher und habe durch das Schreiben für meinen Blog Geocaching als vielfältiges Schreibthema für mich entdeckt. So kam die ungewöhnliche Kombination der Geocaching-Kurzkrimis zustande.

Inspiriert haben mich meine vielen Touren durch die Natur, aber natürlich sind alle Ereignisse und Charaktere frei erfunden und beruhen nicht auf wahren Begebenheiten.

Wer noch recht neu in der Szene ist, findet im hinteren Teil das Buches ein Glossar mit den im Buch relevanten Fachbegriffen!

Ich wünsche Dir nun viel Spaß beim Lesen!

Dein

climb or die

Klettercache

Der Unfall war jetzt knapp eine Woche her. Doch John fühlte sich schuldig. In den vergangenen Nächten hatte er nur wenige Stunden geschlafen. Dunkle Augenringe zeichneten sein Gesicht. Er sah abgemagert und niedergeschlagen aus.

John selbst war gar nicht dabei gewesen als der Unfall geschah, aber trotzdem spürte er, dass es seine Schuld war. Wenn er schlief, träumte er immer den selben Traum:

Vier Freunde saßen gemeinsam in einem Pickup auf dem Weg zu ihrem nächsten Abenteuer. Auf der Ladefläche hinten vier Kletterausrüstungen. John selbst saß auf dem Beifahrersitz. Er hatte das Equipment bereitgestellt, da er in einem Sportfachgeschäft arbeitete und so leicht an die Leihsachen herankam.

Der Fahrer hielt. Alle luden die Sachen von der Ladefläche ab. Es war 9.00 Uhr morgens und die Sonne ging gerade hinter dem Wald auf, in dem sich der größte T5-Powertrail der Gegend befand.

Der Powertrail umfasste knapp 15 Dosen, die sich alle auf einer Höhe von knapp zwölf Metern befanden. Wer alle Dosen fand, hatte außerdem noch die Möglichkeit den Bonus-Mysterie einzusammeln, der auf 20 Metern Höhe lag. Die Freunde hatten sich diese Dose als Tagesziel gesetzt, brauchten dafür allerdings die Bonuszahlen aus den Logbüchern der ganzen Runde.

John musste noch festes Schuhwerk anziehen. Genau das war sein großer Fehler. Klar, eigentlich war es nur eine unbedeutende Kleinigkeit, aber trotzdem war dies der Auslöser gewesen. Er schickte die anderen vor. Sie sollten schon mal zu den Koordinaten des Baumes gehen, an dem sich der Geocache befand. Tatsächlich war eine kleine Plastikdose auf zwölf Metern Höhe der Grund für all das Leid.

John hatte seine Schuhe gewechselt und wollte nun zu den anderen. Er lief den Weg in den Wald hinein, bog dann aber falsch an einer Gabelung ab. Er hatte weder GPS- noch Telefonempfang, sodass er auch die anderen nicht erreichen konnte.

Da hörte er einen Schrei in einiger Entfernung. Er sah direkt vor seinem inneren Auge, was passiert war. Einer seiner Kumpel musste abgestürzt sein.

Die letzte Kontrolle der Kletterausrüstung war schon eine Weile her und so musste sich irgendeine Öse gelöst haben. Alles war Johns Schuld.

John dachte, er würde Richtung Unfallort rennen, doch in seiner Panik irrte er immer weiter in den Wald hinein.

Dann hörte er einen Krankenwagen. Die Sirenen schallten schwach in der Ferne. Wenig später Stille.

Er begann sich Vorwürfe zu machen. Er schrie, doch niemand war da, der ihn hören konnte.

Meist wachte er an diesem Punkt schweißgebadet und allein in seiner Wohnung auf. Hier hatte er sich eingeschlossen und isoliert, nachdem all das passiert war. Er wusste nicht wie es weiter gehen sollte. Er ging nicht an das häufig klingelnde Telefon und las keine von den vielen ungeöffneten Mails. Er saß stundenlang stumm auf seiner Bettkante und starrte in die Luft.

Irgendwann entschloss er sich zum Krankenhaus zu fahren. Er sah vollkommen übermüdet aus.

Wenig später stellte er sein Auto auf dem Parkplatz des Krankenhauses ab.

Schwerfällig und langsam lief er zum Eingang des riesigen Gebäudes aus weißem Beton.

Stotternd fragte er am Empfang nach der Zimmernummer seines Freundes. Zunächst erkundigte sich die Dame am Empfang dann aber nach ihm. Ob es ihm den überhaupt gut gehen würde oder ob man ihm irgendetwas zum Beruhigen geben sollte.

Aber er ging, nachdem er die Nummer wusste, schweigend das Treppenhaus hinauf. Er fragte sich, warum er das hier überhaupt tat.

Dachte er, er könnte irgendetwas rückgängig machen? Sicher nicht. Was, wenn einer seiner besten Freunde nun wegen ihm querschnittsgelähmt sei oder im künstlichen Koma lag? Er machte sich seit ein paar Tagen immer wieder die gleichen Vorwürfe.

Er setzte sich in einen der durchsichtigen Plastikstühle auf dem Flur vor dem Zimmer.

So saß er dort, bestimmt wieder eine Stunde.

Da öffnete sich hinter ihm die Tür und sein Freund kam heraus. Er saß in einem Rollstuhl. John fing an zu weinen.

Doch sein Freund nahm ihn so gut es ging in den Arm.

Er war ungesichert hoch auf den Baum geklettert, denn unvernünftig wie er war, wollte er den Cache schon vor der Ankunft von John auf dem Boden haben.

Sein Freund klärte ihn auf. Er war gar nicht querschnittsgelähmt sondern hatte sich „nur“ den rechten Arm und einige Rippen gebrochen.

Logbook

George war fasziniert. Sein Vorhaben funktionierte nun schon zum 12. Mal. Geocaching bot ihm die Möglichkeiten, die er brauchte.

Es war alles nur eine Sache von koordinierter Recherche. Er durchforstete verschiedene Geocachingseiten und sah sich die Profile der User an. In einigen fand er tatsächlich die Adressen von manchen. Und dann war es ganz einfach.

Er schrieb sich in sein Notizbuch, sein persönliches Logbook, wie er es nannte, die Nicknames der Menschen zusammen mit der Adresse. Dann beobachtete er sie eine Weile, wie ein Stalker des 21. Jahrhunderts. Online.

Es war simpel. Über die Cache- bzw. Loghistorie konnte er einfach nachvollziehen, wenn sein nächstes Opfer wieder einen Cache irgendwo auf der Welt loggte.

Von seinen Opfern hatte er die Adressen und so musste er immer nur abwarten, bis im Sommer auf einmal seit drei Tagen einige Logs aus Spanien auftauchten. Mit einer großen Wahrscheinlichkeit war das Haus, was an der Adresse in seinem Logbuch stand, nun leer und wartete darauf, von ihm ausgeräumt zu werden.

Und so geschah es, mittlerweile zum dreizehnten Mal. Mit einem Brecheisen bewaffnet ging er zum Haus Nummer 16 in der Schaffhausener Straße. Es war Abend und die Jalousien waren alle oben, kein Licht brannte.

Seelenruhig lief er um das Objekt herum und hebelte an einem schmalen Wohnzimmerfenster hinten am Haus.

Schon nach wenigen Augenblicken sprang das Fenster einen Spalt breit auf und er konnte ohne großes Aufsehen zu erregen hinein gehen.

Gezielt lief er zum Treppenhaus. Oben, im Badezimmer und im Schlafzimmer befand sich meist Schmuck. Er ging immer gleich vor: er kam, sah und suchte. Wenn er Glück hatte, fand er so auf Anhieb Schmuck. Das war es, worauf er sich spezialisiert hatte, denn mit Laptops oder anderen technischen Geräten konnte man ihn mit etwas Pech orten und auf seine Spur kommen.

Alles lief nach Plan, er stopfte sich die Taschen voll mit goldenen Ringen und wertvollen Uhren. Er fand um die 400 Euro in bar, auch die ließ er natürlich nicht liegen.

Schnellen Schrittes lief er die Treppe wieder hinunter. Das war für ihn immer die heiße Phase. Sobald er Schmuck in der Tasche hatte, merkte er wie der Adrenalinspiegel und zeitgleich sein Puls stiegen. Er wurde dann immer ein bisschen nervös, aber er wusste, dass er es dann gleich geschafft hatte.

Doch als er zurück ins Wohnzimmer kam, erschrak er. Ihm stand jemand gegenüber, mit einem Küchenmesser in der Hand und sah ihm direkt in die Augen.

„Fuck“, sagte George leise eher zu sich selbst, doch sein Gegenüber hatte ihn ebenfalls gehört.

„Nun, das können sie ruhig laut sagen. Die Polizei ist bereits auf dem Weg, bewegen sie sich nicht von der Stelle.“

Fieberhaft dachte George nach, was jetzt zu tun war. Alles in allem hatte er zwei Möglichkeiten: entweder er versuchte zu fliehen oder ließ sich verhaften. Instinktiv entschied er sich für das erste.

Er holte mit dem rechten Arm aus und scheuerte dem Unbekannten eine drüber. Das Messer fiel auf den Boden.

Sein Gegenüber war von dem heftigen Schlag überrascht auf den Boden gesunken und auch George bückte sich nun, um das Messer in die Hand zu bekommen.

Beide streckten sich fast gleichzeitig danach. Jeweils mit einer Hand am Messer versuchte jeder es vom eigenen Körper weg zu dem des anderen zu bewegen.

Bisher hatte sich George nicht vorstellen können einen Menschen zu töten. Aber dann war es irgendwie geschehen. Eigentlich hatte er den Fremden mit dem Messer nur bedrohen wollen, aber irgendwie war es dann an seinen Hals geraten und beim hektischen Zerren hatte er ihm tief in den Hals geschnitten.

Man hörte eine Art würgen, einen verzweifelten letzten Aufschrei und dann fiel der Körper des fremden Mannes zu Boden.

Und ab diesem Moment wusste George nicht mehr weiter. In seiner Panik leerte er die Taschen voll Uhren, Bargeld und Schmuck aus und verteilte sie auf dem mit Blut besprenkelten Wohnzimmerteppich.

Er flüchtete nun, wie er es vorgehabt hatte, durch das schmale Fenster zurück in die Freiheit.

Ohne Beute rannte er den ganzen Weg bis zur Bushaltestelle und nahm zitternd den Bus bis nach Hause.

Drei Tage später wurde er so stark von Albträumen und Gewissensbissen geplagt, dass er sich der Polizei stellte.

N 51° SOS

E 006° DEAD

YMCHTP

Alles für die Kids

Wenn Menschen in Not geraten, handeln sie oft viel risikobereiter und unüberlegter als unter normalen Umständen. Und wenn dann noch Druck hinzukommt, durch Zeit, Familie und Jugendamt, kann dies zu einer tödlichen Kombination werden.

Bei Lena gab genau diese Probleme. Ihr Vermieter hatte ihr die Wohnung gekündigt, kurz nachdem sie ihren Job im Lagerhaus von Cosmo-Shopping verloren hatte, sodass sie keine Miete mehr zahlen konnte.

Auch das Jugendamt machte immer mehr Druck. Sie als alleinerziehende Mutter von zwei Söhnen, die nun bald

Hartz IV beziehen musste, hatte längst keine Mittel mehr um für ihre Kinder zu sorgen.

Lena war verzweifelt. Die Kinder waren das einzige kleine bisschen Familie, was sie noch hatte. Ohne sie wäre ihr Leben sinnlos!

Ihre Eltern waren früh gestorben und hatten ihr nicht viel hinterlassen. Vom Vater der beiden Kinder hatte Lena das letzte Mal zwei Wochen nach der Geburt gehört. Danach hatte sie zwar versucht Kontakt zu ihm aufzunehmen, aber er hatte seine Handynummer geändert und sie bei Social Media überall blockiert.

In einem Schreiben des Jugendamts wurde ihr eine Frist von einem Monat gesetzt, in der sie sich eine neue

Wohnung suchen sollte, die in ihrem Budget lag.

Währenddessen erhielt sie Wohngeld, welches für den entsprechenden Zeitraum an den Vermieter gezahlt wurde.

Aber auch wenn dies eine Unterstützung für Lena war, helfen würde ihr es auf Dauer nicht wirklich, denn wie sollte man hier in Berlin eine bezahlbare Wohnung für ihre Kleinfamilie finden?

Sie brauchte Geld. Dringend. Für knapp 30€ gab sie eine Anzeige im Berliner Kurier auf. Sie bot sich als Hilfskraft für „Garten-, Wohnungs-, oder Altenpflege – ich kann alles“ an. Darunter ihre Telefonnummer.

Die Anzeige würde eine Woche lang im Printmedium und auf der Website der Zeitung erscheinen. Lena setzte darin sehr, sehr viel Hoffnung, sonst hätte sie nicht das Geld aus drei Stunden unterbezahlter Schwarzarbeit dafür hingeblättert.

Hoffnung...- Eigentlich konnte man das, was sie empfand mehr als verzweifelten Glauben an das Glück oder Schicksal sehen, was Lena noch in diese Welt setzte. Hoffnung war das schon lange nicht mehr gewesen.

Und tatsächlich: Nachdem die Anzeige zum vierten Mal erschienen war, erhielt sie einen Anruf von einer Frau. Es war keiner dieser Männer, die sie zuerst fragten, ob sie verheiratet sei und danach für diverse Dienste ein Hotelzimmer angaben. Von diesen Anrufen hatte sie in der vergangenen Woche schon drei bekommen. Diese hatte sie abgelehnt. Sie war eine Familienmutter und das konnte sie sich und ihren Kindern wirklich nicht antun.

Nein, es war eine Frau am Telefon, die ihr den Job anbot. Für Lena schien dieser sehr einfach zu sein und sie war geradezu erstaunt, wie viel die Frau ihr als Bezahlung bot. Knapp 150€ würde sie bekommen, sollte ihr der Auftrag gelingen.

Zuerst hatte sie ein schlechtes Gefühl, denn vielleicht könnte es sich ja um einen Drogenkurier handeln. Aber sie brauchte das Geld dringend und außerdem konnte ihre Auftraggeberin sie beruhigen.

Ihr Auftrag sah wie folgt aus: sie würde am Nachmittag Koordinaten auf ihr Handy geschickt bekommen, zu denen sie dann hingehen sollte. An diesem Punkt sollte sie aus einer Brotdose eine Art Metallchip holen.

Lena verstand nicht genau, was es mit dem Chip auf sich hatte, aber sie hielt es für ein Sammelobjekt, welches eine sehr lange Reise hinter sich hatte und in Berlin nun diese Reise abschloss und so irgendeinen Weltrekord brach. Auf dem Chip befand sich ein Code, welchen Lena sich zur Identifizierung notieren sollte. YMCHTP.

Die Frau erwähnte noch, dass es wahrscheinlich einige Leute geben würde, die versuchen sollten an den Chip oder wie sie es nannte, an den TB, heranzukommen.

Lena wunderte sich, wieso die Frau es nicht einfach selbst machte. Der Auftrag schien simpel. Lena sah nur das Geld und dachte daran, welche Rechnungen sie damit abbezahlen konnte.

Kurz bevor sie ging packte sie allerdings unterbewusst - fast intuitiv - ihr Taschenmesser in die Jackentasche. Man konnte ja nie wissen...

Jetzt kam es auf Sekunden an. Sie musste sich beeilen, wenn ihr jemand zuvor kommen würde, würde sie nichts von dem Geld sehen. Sie musste den

Chip in einen Briefkasten in der Innenstadt werfen. Schnell rannte Lena in den Berliner Stadtpark und erreichte die Bank, unter welcher sich der Behälter mit dem wertvollen Metallstück befinden sollte.

Schnell griff sie, nachdem sie sich auf die Bank gesetzt hatte, unter diese und hielt auch schon die Dose in der Hand. Sie war ungefähr so groß wie ein Brillenetui und schon als sie diese aus der Halterung gelöst hatte, hörte sie ein vielversprechendes metallisches Klappern.

Sie öffnete die Dose und hielt eine Sekunde später den schlichten TB in der Hand. Das Plättchen war noch kleiner als gedacht. Auf der Rückseite war der sechsstellige Code eingraviert. Gerade wollte sie sich auch die Vorderseite anschauen, da hörte sie hinter sich im Gebüsch ein Rascheln – würde sie vom Messer in ihrer Tasche Gebrauch machen müssen? – dann, ganz plötzlich, zog sich eine Drahtschlinge um ihren Hals, noch bevor sie überhaupt ihre Finger in Richtung Innentasche bewegen konnte.

Die Schlinge schnitt sich in ihre Haut ein und nahm ihr gleichzeitig die Luft weg. Doch Lena wollte nicht nachgeben und versuchte sich mit den Armen loszureißen und zu wehren. Doch der Fremde hielt sie fest im Griff. Ihr war klar, auch die Person aus dem Hinterhalt wollte den Chip haben. Und da verstand Lena, wie wertvoll dieser

Chip für manch einen Sammler sein musste. Die Frau vom Telefon musste gewusst haben, was anderen dieses Sammlerstück wert wäre. Sie hatte gewusst, dass es Leute geben würde, die dafür über Leichen gingen.

Und in dem Moment, in dem sie begriff, dass sie für 150€ gerade ihr Leben geopfert hatte, verließ der TB ihre Hand – fast wie in Zeitlupe – nicht etwa, weil sie ihn hergab. Nein, ihre Muskelkraft hatte sie verlassen. Sie war ohnmächtig geworden.
Eine fremde Hand zerrte ihren leblosen Körper in ein Gebüsch, nachdem das wertvolle Stück Metall in ein Taschentuch gewickelt und in die unbekannte Jackentasche geglitten war.

Hier im Gebüsch würde Lena bald sterben, wenn niemand sie fand, um ihr zu helfen.

Und es würde sie niemand finden, denn es würde nicht mal jemand nach ihr suchen, außer zwei zurückgebliebene Kinder, die nach der Schule nach Hause kommen würden, um dort auf jemanden zu warten, der ihnen ein halbwegs leckeres Mittagessen aus containertem Essen kochen würde.

DNF

„Wir haben noch exakt zwei Stunden und acht Minuten, so schwer kann das doch nicht sein. Verdammt nochmal, es hängt ein Menschenleben davon ab!“, rief Josh seinem Kollegen in Uniform zu.

Er war von der Sonderkommission und arbeitete aktuell am Fall einer Geiselnahme. Ein Unbekannter hatte sich mit einer Geisel verschanzt und per Telefon Forderungen an die Polizei gestellt.

Was er beabsichtigte war unklar. Er hatte keine Lösegeldforderungen gestellt. Der Geiselnehmer hatte sich telefonisch zeitgleich bei der Polizei und bei verschiedenen Zeitungen, Radio-

und Fernsehsendern gemeldet. Er wollte die Öffentlichkeit an diesen Albtraum teilnehmen lassen.

Er ließ sich nicht auf ein konkretes Gespräch am Telefon ein. Er spielte nur eine Tonbandaufnahme wieder und wieder ab, in welcher er mit verzerrter Stimme ein paar Rahmenbedingungen nannte: er habe sich mit seiner Geisel, Mellisa Fraser, einer hochrangigen Politikerin, an einem unbekannten Ort versteckt. Freilassen würde er sie nur unter einer Bedingung: die Polizei müsste ihm drei Zahlen nennen, welche er an verschiedenen Orten in der ganzen Stadt versteckt hatte.

Die Polizei hatte kurz darauf in einer Mail einige Rätsel zugesandt bekommen.

„Diese Rätsel müssen bis Morgen, 16.00 Uhr gelöst sein. Wenn ihr mir nicht bis dahin die Informationen gebt, die ich an den Koordinaten versteckt habe, ist Fraser tot. Das Einzige, was ich euch dann noch mitteile, ist der Ort, an dem ihr euch ihre Überreste zusammensuchen könnt.“ Im Hintergrund der Aufnahme hörte man ein leises Wimmern, unterdrückt vermutlich durch einen Knebel.

Kommissar Josh und sein Team setzten alles daran, die Rätsel des Entführers zu lösen. Zuvor hatten sie versucht, ihn irgendwie über seinen Handyanbieter oder die IP-Adresse aufzuspüren, aber das war reine Zeitverschwendung gewesen, es hatte nichts gebracht. Es blieb keine Alternative, sie mussten sich auf die vom Entführer verlangte „Schnitzeljagd“ einlassen.

Zweiundzwanzig Experten nahmen Buchstabe für Buchstabe, jedes einzelne Wort der einzelnen Rätsel auseinander. Den ersten der drei Blöcke hatte tatsächlich jemand lösen können, unmöglich war es nicht, aber die Zeit wurde immer knapper. Bei dem Teil des Rätsels kamen die Zahlen 1, 2 und 8 heraus. So konnten sie auf eine Nordkoordinate schließen.

Mit Hilfe des Ausschlussverfahren hatte man sich nun auf acht Orte festgelegt, die in Frage kommen konnten, da sie sich in der Umgebung befanden und zugänglich waren.

Nach und nach hatte man alle, bis auf einen abgefahren und gemerkt, dass man wohl falsch lag. So setzten alle ihre Hoffnungen auf den letzten Ort, der noch übrig war.

Es handelte sich um ein abgelegenes Waldstück. Doch kurz bevor sie es erreichten, fluchte Josh. Er hatte einen der stahlblauen Sendewagen des gtv-Senders entdeckt, der zwischen den Bäumen parkte.

Hatten sie sich an wenigen Hinweisen entlang gehangelt, nur um jetzt hier, mit den Nerven am Ende und fast entmutigt, einem Reporter gegenüber zu stehen? Er stieg aus dem Wagen und lief in den Wald. Wonach er suchte, wusste er natürlich immer noch nicht, alles was er wusste, war, dass das Leben eines Menschen an diesem Hinweis hing.

Da tauchte plötzlich eine Kamera hinter ihm auf, schnell gefolgt von einem jungen Reporter mit Mikrofon in der Hand.

Josh beschleunigte seine Schritte. Das letzte, was er jetzt gebrauchen konnte, war ein Interview mit einem von der Presse, der ihm jedes Wort im Mund umdrehte.

Währenddessen genoss der Entführer seinen Erfolg. Alles verlief nach Plan und den aktuellen Stand der Ermittlungen konnte er sogar im Fernsehen mitverfolgen! Im Livestream rannte tatsächlich einer der

Journalisten einem verzweifelten Kommissar durch den Wald hinterher.

„Nun, du fragst dich sicherlich, was ich hier tue und vor allem warum.“, sagte er zu Mellissa, die gefesselt und geknebelt auf einem Stuhl saß.

Irgendwas sagte ihr, dass sie jetzt nicken sollte.

„Also – vorweg, du brauchst dich nicht zu fürchten, wenn alles nach Plan läuft, werde ich dich nicht töten. Ich tue dies hier, um die Polizei unseres Landes den Bürgern vorzuführen. Ja, unsere Beamten sind nicht mal in der Lage dem Druck der Medien standzuhalten. Sie schaffen es nicht mal ein paar simple Koordinaten zu finden. Und so werde ich als Held aus der ganzen Sache hervorgehen. Ich, der sie alle vorgeführt hat. Und als Bestätigung für die Unfähigkeit der Polizei, werde ich dich freilassen, sobald die Zeit abgelaufen ist. Einen Entführer, der seine Geisel selbst befreit, gab es auch noch nicht. Es sei denn natürlich, sie schaffen es wieder erwartend, meine kleine Rätseltrilogie zu lösen. Dann müsstest du allerdings dran glauben, denn bei einer Geiselnahme gibt es immer zwei Möglichkeiten für die Polizei: entweder sie schaffen es die Geisel zu befreien oder eben nicht. Wenn du stirbst, hat die Polizei auch versagt.“

Josh hatte sich nach einem kurzen Interview vom Journalisten losreißen können. Das ganze Land hatte im TV seine Nervosität und seine Angst spüren können.

Nun war er zurück ins Büro gefahren. Im Wald konnte er schließlich auch nichts weiter ausrichten, denn er hatte nichts gefunden.

Er arbeitete fieberhaft und die Zeit lief ihm davon. Im Büro starrte er jede Minute auf den großen Zeiger, der zu schnell von 14.00 Uhr auf 15.00 Uhr zulief. Langsam bekam er Panik, einen Menschen vielleicht nicht retten zu können oder verloren zu haben.

Auf einmal war es 16.00 Uhr. Da kam ein aufgeregter Kollege in das Büro, in dem Josh verzweifelt seinen Kopf resignierend auf den Tisch gelegt hatte.

„Sie ist frei. Auf allen Sendern wird davon berichtet! Sie stieg vor ungefähr 10 Minuten einfach aus einem schwarzen PKW in der Innenstadt!“

DEATH

Der Informant

Hier sollte er jetzt also warten. Dave war 52 Jahre alt. Er war Reporter für eines der größten Magazine der Stadt und hatte in einem Fall recherchiert, der den größten politischen Skandal seiner Zeit aufdecken würde.

Während seiner Recherchen war er auf immer mehr Intrigen, Verschwörungen und geheime Absprachen gestoßen, die für großes Aufsehen sorgen würden.

Vor ein paar Tagen hatte er eine Mail von einem neuen Informanten bekommen. Er wollte sich mit Dave treffen.

Dieses Treffen konnte natürlich nicht irgendwo in der Öffentlichkeit stattfinden, denn der Informant wollte seine Anonymität seinen Feinden gegenüber wahren. Er fürchtete, so schrieb er, große Gefahr für sein Leben und das seiner Familie, wenn die falschen Leute seinen richtigen Namen kannten.

Und so hatten sie nach einigen Mails einen sicheren Ort gefunden. Dave hatte diesen Ort vorgeschlagen. Es war an einem einfachen Tradi, den Dave irgendwann einmal gesucht hatte, ein Lost Place in einem kleinen Waldstück zwischen der Autobahn A2 und ein paar Bahnschienen… völlig abgelegen. Hier konnte hier ungestört reden. Auch mit Cachern war nicht mehr zurechnen, denn erstens sollte der Cache nur tagsüber gesucht werden, so stand es im Listing, denn das alte Gemäuer stand auf einem Privatgrundstück. Und zweitens war der Cache schon recht lang veröffentlicht und so wurde er von den Cachern aus der Gegend nicht mehr gesucht, da sie ihn schon gefunden hatten.

Es war kurz vor 18.00 Uhr als Dave mit seinem Trackingrad von der Hauptstraße in das Waldstück fuhr. So hörte er dort das Rauschen der Autos auf der Autobahn und die Geräusche der Natur um ihn herum: ein Specht, der in der Abendsonne ein paar letzte Kerben in das Holz schlug und das Rascheln eines Tieres, irgendwo um ihn herum – vielleicht ein Kaninchen.

Da erhob sich das mächtige Gemäuer vor ihm. Es war eine alte Kapelle, ein Urnenhaus, was zum Gedenken an Verstorbene aus den vergangenen Jahrhunderten gebaut worden war.

Vom alten, einst prunkvollen Gemäuer war nicht mehr viel übrig geblieben. Nur die Grundmauern und das Dach waren noch erhalten. Die Fenster waren samt Fensterglas zerstört, nur noch das metallene Gitter eines einzelnen Rahmens war im Beton verankert.

Auf dem Dach des Gebäudes wucherte das Efeu schon seit vielen Jahren. Dave hatte fast das Gefühl, die mächtigen Verästelungen waren das einzige, die das Dach zusammenhielten.

Das Gebäude war offen, die wahrscheinlich einst riesige Eingangstür hing schon seit einer Ewigkeit nicht mehr in den Angeln. Er trat ein.

Er befand sich in einem quadratischen Raum, vielleicht vier mal vier Meter groß. Die Wände waren über und über mit Graffitis besprayt. Der Mörtel bröckelte an vielen Stellen ab und so kam unter ihm das Mauerwerk der Außenmauer ans Licht.

Unter seinen Schuhen hörte er das Brechen von Glasscherben während er wartete.

Sein Informant sollte um 18.00 Uhr auf ihn treffen. So hatte er es in der letzten Mail geschrieben.

Der Informant hatte einige Forderungen gestellt: das Treffen durfte nur zu zweit stattfinden. Dave durfte das Gespräch nur mit einem alten Tonbandgerät aufzeichnen – Handys waren nicht erlaubt. Als Erkennungszeichen sollte Dave eine rote Jacke tragen. Diese Forderungen hatte er alle erfüllt.

Nun setzte er sich in die Fensternische in der linken Ecke hinten, wo das Fenstergitter im oberen Teil ein wenig erhalten war. Auch das hatten sie auch so vereinbart.

Am Gitter zog er sich hoch und setzte sich auf die Überbleibsel der Fensterbank.

Vom Fenster aus hatte er keinen Blick auf den Weg, der zum Lostplace führte.

Hier musste er – ungeschützt wie er war – auf seinen Informanten warten. Aber was tat er nicht alles für eine gute Information.

Plötzlich hörte er in einiger Entfernung das Rascheln von Laub. Würde es sein Informant sein?

Er wusste es nicht. Das Knacken der Äste kam immer näher.

Langsam begann seine Atmung unkontrolliert schneller zu werden; er wurde zunehmend nervös. Es war nicht sein erstes Treffen mit einem anonymen Informanten, doch dieses Mal hatte es eine ganz andere Größenordnung. Es war wesentlich gefährlicher, auf dem Weg zum Urnenhaus hatte er schon ein ungutes Gefühl.

Nun, da er hier saß, fragte er sich, ob der Informant ihm nicht doch gefährlich werden könnte, vor der Veröffentlichung seiner Arbeit war jeder Mitwisser in gewisser Form gefährlich für ihn. Jeder, mit dem er die geheimen Informationen teilte, konnte die Publikation zu Fall bringen. Noch wusste fast niemand von seiner Geschichte.

Er begann nervös an den Löchern in der Wand herumzustochern. Mit seinen Fingern löste er ein wenig von dem Sandstein. Die Brocken ließ er auf den Boden rieseln und da es fast still war, hörte er sie auf dem Laub aufkommen.

Dann, ganz plötzlich, als er sich gerade so auf das Rieseln des Sandes konzentriert hatte, hörte er hinter sich ein Knacken im Gebüsch.

Mit einem Griff um seinen Hals wurde er unsanft durch das Fenster von außen zu Boden gebracht. Zwei Arme, so dachte er, schlangen sich um seinen Hals. Nein, es mussten vier gewesen sein. Der vermeintliche Informant war wohl nicht allein gekommen.

Er war in eine Falle geraten - das wurde ihm plötzlich klar.

Er konnte sich nicht wehren. Die Arme um seinen Hals wurden immer enger. Er versuchte sich loszureißen, doch alles, was er zu fassen bekam, war Dornengestrüpp. Durch die vielen Dornen bluteten seine Hände heftig.

In der einsetzenden Dämmerung sah er seine Angreifer nur schemenhaft. Sie waren schwarz gekleidet und hatten Skimasken auf. Er konnte sie nicht erkennen. Da wurde ihm bewusst, dass er noch nicht einmal wusste, wie sein Informant hätte aussehen sollen. Das einzige, was sie vereinbart hatten, war, dass er ebenfalls eine rote Jacke tragen sollte.

Er versuchte weiterhin, Gegenwehr zu leisten, doch die Angreifer waren stärker. Er konnte sich nicht lösen. Wie auch? Zwei Muskelbepackte gegen ihn, als einen unsportlichen Schreiberling. Da konnte er nicht gegen an, das hatte er schnell begriffen.

Nachdem der Größere der Beiden Dave die Arme auf dem Rücken verdreht hatte und mit seiner anderen Hand die Luftröhre von Dave zudrückte, stellte sich der andere Angreifer vor Dave.

Er sagte nur wenige Worte, bevor er eine Waffe zog: „Du bist zu weit gegangen, Dave. Du sollst bevor du stirbst wissen, dass wir über alles informiert waren und dich in die Irre geführt haben. Wir hatten dich von Anfang an unter Beobachtung. Doch jetzt, da du über uns Bescheid weißt und unsere Geheimnisse kennst, müssen wir dich mundtot machen, dich ausschalten."

Die Abendsonne war nun fast untergegangen. Plötzlich sah man aus der Ferne die Vögel aus den Bäumen fliehen. Ein Schuss hatte die frühabendliche Stille unterbrochen.

Alles stand für einen Augenblick still.

Nur das Rauschen der Autobahn war weiter zu hören.

NEWS

Das Virus

Ja, sein Plan war teuflisch. Er würde sicherlich viele Menschen ins Krankenhaus oder gar ins Grab bringen.

Allerdings gab es keine andere Möglichkeit aus der Situation herauszukommen. Er hatte sich verzockt, er hatte einen riskanten Aktienkauf abgeschlossen. Wenn es nicht innerhalb der nächsten paar Tage zu einem rasanten Kursanstieg kam, wäre sein gesamtes Geld weg.

Ihm ging es nicht um sich selbst. Es ging ihm um seine Familie, er würde sich opfern müssen, das war ihm klar. Er sah einfach keine andere Möglichkeit seine Frau und sein Kind zu retten.

Es ging ihnen früher finanziell eigentlich ganz gut, von seinem Einkommen lebten sie als Familie recht großzügig. Besonders seiner kleinen Tochter konnte er viele Wünsche erfüllen und genau das war es, was ihn im Leben so glücklich machte.

Durch den Tod einer entfernten Verwandten erbte er einige Hunderttausend Euro. Der Tod der alten Dame war natürlich traurig, aber das Geld war eine gute Starthilfe für das erste eigene Haus.

Trotzdem war es auch eben dieses Geld, welches ihn an den Rand seiner Existenz brachte. Er war angefixt von dem Gedanken das geerbte Geld durch geschicktes Trading zu vermehren. Er wollte seine Familie finanziell komplett unabhängig wissen. Weder er noch seine Frau sollten jemals wieder arbeiten müssen.

Er hatte vor wenigen Tagen seine Chance an der Börse gesehen. Zusammen mit seinem Berater hatte er alles auf eine Karte gesetzt, sie hatten in ein großes Aktienpaket eines Pharmaunternehmens investiert, welches Impfstoffe herstellte. Jetzt lag sein gesamtes Barvermögen an der Börse, der Berater versicherte ihm, dass alles gut ausgehen würde.

Nach einiger Zeit wurde ihm zunehmend mulmig bei der Sache. Also zog er einen unabhängigen zweiten Börsenfachmann zur Rate. Dieser bestätigte seinen

Verdacht. Er würde mit größter Wahrscheinlichkeit in wenigen Tagen bankrott sein, wenn nicht plötzlich etwas passieren würde, was den Aktienkurs wieder in die Höhe schnellen ließe.

Es gab nur eine Chance! Und er hatte auch schon einen Plan.

Mit der Hilfe eines Videotutorials war es ihm mit ein paar Mausklicks gelungen ins Darknet zu gehen. Hier fand er, was er suchte.

Auf einer der geheimnisvollen Shopseiten fand er Viren.

So unrealistisch dies auch klingen mochte, in fernen Ländern hatte sich ein Darknet-Shop genau darauf spezialisiert, Biowaffen in einem etwas anderen Sinne selbst zu züchten.

Er bestellte, zahlte mit einer virtuellen Währung auf ein dubioses Konto, völlig anonym.

Bis ihn das Paket mit der Styroporbox erreichen würde, hatte er noch etwas Zeit. Zur Verschlüsselung ging es zunächst noch an andere Adressen und Postfächer, damit es nicht zurück verfolgt werden konnte.

Diese Zeit wollte er nutzen um sich auf sein Vorhaben detailliert vorzubereiten. Es würde wie folgt ablaufen: das Virus, was inklusive Nährlösung geliefert wurde, war hochgradig ansteckend und würde sich über Körperkontakt aber auch über Tröpfcheninfektionen verbreiten lassen. Diesem Menschen blieben dann 24, vielleicht auch 48 Stunden. Die Inkubationszeit war extrem kurz. Die Symptome würden erst kurz vor seinem Tod beginnen.

Er hatte schon entschieden, welche Person infiziert werden sollte.

Er selbst, denn er kannte sich. Mit der Schuld würde er nicht leben können. Es war fast so schlimm, wie mit der Schuld zu leben, seine Familie finanziell ruiniert zu haben klar kommen zu müssen.

Er würde sich so oder so umbringen.

Das Ziel sollte ein großes Geocaching-Mega-Event werden. Am Wochenende würden sich in seiner Stadt mehr als 1000 Menschen aus ganz Deutschland treffen. Dort konnte er in kurzer Zeit viele Menschen infizieren.

Und so geschah es. Zwei Tage bevor das Event begann, erhielt er sein Paket mit dem gefährlichen Inhalt.

Bevor er sich zum Eventgelände aufmachte, öffnet er die kleine Ampulle und schluckte den Inhalt. Die Flüssigkeit schmeckte leicht bitter. Mit einem kleinen Rest rieb er dann noch seine Hände ein.

Er war bereit.

Wenig später auf dem Event drängte er sich durch die Massen an den Verkaufsständen, lernte beim Coins tauschen viele Menschen kennen und so verteilte er das Virus. Auch das große Eventlogbuch hatte er kontaminiert.

Durch Berührung der umliegenden Eventcaches hinterließ er auch dort das Virus.

Am Abend parkte er mit seinem Auto am Flussufer und betrachtete den Sonnenuntergang, wohl wissend, dass es sein letzter war. Er begann zu weinen. Was hatte er nur getan?

Mit dem sich rasant ausbreitenden, oft tödlich endenden Virus und den steigenden Todeszahlen, würde das Pharmaunternehmen Millionen an Impfstoffen verkaufen. Denn nur der Impfstoff des Pharmaunternehmens seines Aktienpaketes wirkte als Gegenmittel gegen das von ihm verbreitete Virus. Der Kurs seiner Aktien stieg wieder enorm an.

Seine Familie war finanziell gerettet, sie besaß nun ein Millionenvermögen.

Aber zu welchem Preis? Doch was hätte er tun sollen?

Aus Liebe zu seiner Familie wusste er für sich nur diesen einen Ausweg.

Scotts Nighttour

Eigentlich hätten sie es vorher schon wissen müssen. Es war schlichtweg naiv, was sie dachten, aber schließlich mussten die knapp zehn Vorlogger es ja auch auf genau die selbe Art und Weise gemacht haben.

Obwohl das Ganze illegal schien, glaubten alle drei Mitglieder des Team Rehanimation23, das der Cache nicht vom Reviewer veröffentlicht worden wäre, wenn nicht alles mit dem Grundstücksbesitzer abgesprochen war.

Dies war eine der letzten Stationen des bisher fünfstündigen Nachtcaches „Scotts Nighttour“.

Gemeinsam hatten sich Phil, Cath und Ju auf eine spannende Reise durch Edinburgh begeben. Vom Castle aus waren sie parallel zur Royal Mile durch finstere und verwinkelte Gassen gelaufen. Es waren solche in denen vor 400 Jahren noch die Pest gewütet hatte.

Dann hatten sie den Calton Hill bestiegen und am Denkmal dort oben drei mit UV-Stift an die Säule geschriebene Zahlen abgelesen.

Bei dem Abstieg war Ju auf einer der glatten Stufen weggerutscht und hatte sich beim Fallen verletzt. Sein Schlüsselbein schmerzte, doch er wollte noch nicht aufgeben sondern weiter machen.

An diese Nacht würde er noch lange denken – wie sehr er doch recht hatte.

Durch den dunklen Princess Park waren sie vom Bahnhof unterhalb des Hügels ausgehend zurück Richtung Castle gelaufen. Dann waren sie aber durch einen Tunnel den Bahnschienen der Waverey weiter gefolgt.

Im Cachelisting hatte sich ein genauer Plan befunden, wann welcher Streckenabschnitt unbefahren war und so folgte das Team den Schienen einige hundert Meter.

Unterwegs fanden sie immer mehr Hinweise, die beim Finden des Caches weiterhelfen sollten.

Kurz nachdem sie alle Hinweise zusammen gezählt hatten, berechneten sie mit Hilfe verschiedener Codetabellen die Finalkoordinaten.

Das Finale lag etwas weiter westlich vom Castle.

Der Owner hatte von Station 28 ausgehend einen Nachtbus empfohlen um zum Finale zu kommen. Genauso machten es auch Cath, Ju und Phil.

Wie in einem Zeitraffer flogen die bunten Lichter der schottischen Hauptstadt an ihnen vorüber.

Als sie gut 15 Minuten später aus dem Bus der Linie 128 ausstiegen, fanden sie sich in einer sehr verlassenen, alten Industriegegend wieder. Hohe Schornsteine ragten in den Himmel der sternenklaren Nacht. Ein LKW rauschte einige hundert Meter vor ihnen auf einer sonst leeren Schnellstraße entlang.

Es war so still, dass sie die nächtlichen Schreie einer Eule in einer der Fabrikruinen hörten.

Dieser Ort barg einigen Nervenkitzel, besonders, wenn man ihn um zwei Stunden nach Mitternacht besuchte.

Die Koordinaten zeigten auf ein altes, kastenförmiges Gebäude, 150 Meter westlich von ihnen.

Kein Licht weit und breit, außer das ihrer Taschenlampen.

Ju zeigte auf das Gebäude und sagte: „Ich glaube, wir müssen dort in das Gebäude rein.“

„Aber das kann doch nicht sein, das ist doch sicher ein Privatgrundstück."

„Im Listing steht trotzdem-..."

Cath unterbrach die beiden.

„Kommt wir gucken erstmal, wo uns die Koordinaten genau hinführen und schauen dann weiter."

Paul war der Besitzer der „Whiskey with Smith"-Industry. Gemeinsam mit 12 Mitarbeitern leitete er die kleine Destillerie und war mit den handverlesenen Scotch-Sorten sehr erfolgreich.

Doch in den letzten Wochen war es mehrfach zu Einbrüchen gekommen. Nie war etwas entwendet worden, aber trotzdem waren ihm einige Dinge aufgefallen, die sich über Nacht geändert hatten. Einige Kisten und Kartons waren umgeräumt worden und Paul hatte einmal eine zerbrochene Flasche Bourbon Whiskey gefunden.

Trotz allem gab es keine Einbruchsspuren. Der oder die Einbrecher konnten also nur durch die Tür gekommen sein, denn der Hintereingang und das Lager waren stets unversehrt.

Natürlich hatte er schon seine Mitarbeiter befragt, aber die hatten natürlich auch nichts gesehen und wussten von nichts.

Geld für ein professionelles Alarmsystem hatte er nicht, also blieb ihm nur eine Möglichkeit:

Heute Nacht hatte er sich selbst auf die Lauer gelegt. Nein, die Polizei wollte er nicht herbeirufen. Denn was, wenn es sich nur um eine streunende Katze handelte, die durch ein offenes Fenster reingekommen war?

Und was würden denn die Kunden denken? Er bevorzugte es mit der alten Schrotflinte seines Großvaters für ein bisschen Angst und Schrecken zu sorgen. Dann würden diese – so vermutete er –abhängigen und frech-dreisten Teenager hier wohl nicht mehr abhängen wollen.

Und dann kamen drei von ihnen. Die Silhouetten – wahrscheinlich zwei Männer und eine Frau – kamen auf die gläsernen Schiebetüren zu und begannen irgendetwas zu suchen. Das konnte Paul aus dem ersten Obergeschoss gut erkennen.

Als sie sich kurz darauf aufrichteten war Paul sprachlos. Einer der drei hatte einen etwa Kreditkarten großen, schwarzen Gegenstand in der Hand, den Paul sofort erkannte. Er hatte selbst so ein Ding in der Jackentasche. Die drei versammelten sich vor dem gläsernen Ladeneingang und nachdem der Größte der Gruppe den Gegenstand auf den Sensor oberhalb der Tür richtete, öffnete diese sich lautlos.

Jetzt wollte Paul den Dreien aber mal zeigen, wo der Hammer hing.

Er griff sich die Schrotflinte, die er quer über seinen Schreibtisch gelegt hatte, und straffte einmal kurz seine Schultern, wie ein Richter, der gleich ein Urteil verkünden würde.

Paul betrat mit strammen Schritten das Treppenhaus, das Gewehr geschultert.

Phil, Cath und Ju wussten noch nicht, was in wenigen Sekunden passieren würde. Sie wussten allerdings auch noch überhaupt nicht, was sie hier machen sollten.

Mit ihren Taschenlampen schauten sie sich im geräumigen Verkaufsraum um.

Irgendwo hier musste der Owner das Logbuch versteckt haben. Doch leider war der Satellitenempfang zwischen den dicken, hohen Mauern so schlecht, das gut die Hälfte des Geschäftes in Frage kommen könnte.

Vielleicht lag das Finale ja auch im Keller oder in einem der oberen Stockwerke?

Gerade wollte Cath auf dem Satellitenbild nachschauen, ob man dort vielleicht besser erkennen konnte in welcher Ecke des Ladens der Cache lag, als sich plötzlich hinter dem Tresen eine Tür aufging.

Vor den dreien stand ein etwa vierzigjähriger Mann, in der Hand hielt er eine gewaltige Schrotflinte. Plötzlich richtete er sie auf die kleine Gruppe der Geocacher vor ihm, die instinktiv zusammengerückt war. Sofort begann er sie verbal zusammenzufalten: „Was fällt euch eigentlich ein? Hier habt ihr um diese Uhrzeit gar nichts, rein gar nichts zu suchen! Wenn ihr hier nicht auf der Stelle verschwindet, verständige ich die Polizei! Und euren dreckigen Freun-…“

Phil unterbrach ihn: „Warten Sie bitte, ich möchte versuchen, Ihnen zu erläutern, was wir um diese Uhrzeit hier machen.“

„Ich sagte, ihr sollt die Klappe halten und euren verdammten Freunden sagen, sie sollen das Grundstück dieser Firma nie wieder betreten!“

„Also“, fuhr Phil unbeirrt fort, „Wir sind Geocacher und machen gerade eine Art Schnitzeljagd.“

„Schnitzeljagd?!? Ihr wollt mich doch verarschen!“, er zuckte mit seiner Schrotflinte, „Ihr sagt mir jetzt auf der Stelle, was ihr hier in meinem Laden macht. Fangt ja nicht wieder an, mit so einem Blödsinn wie Schnitzeljagd um drei Uhr nachts. Das ich nicht lache!“

„Bitte legen Sie die Waffe weg und lassen Sie es mich Ihnen ganz ruhig erklären.“, übernahm Ju.

„Ganz sicher lass ich mir von einem dreisten Einbrecher, der um 3.00 Uhr nachts mit seinen Freunden in meinen Laden einsteigt, nicht sagen, was ich mit meiner Waffe zu tun und zu lassen habe. Passt besser auf, sonst baller ich dir gleich das Schrot direkt zwischen die vor Lügen glühenden Ohren deiner Freundin.

Paul richtete seine Waffe nun direkt auf Cath.

Diesen Moment nutzten Phil und Ju, die sich mit einem flinken Blickkontakt verständigt hatten. Phil wandte sich zur Seite und sprang hinter die nächste Regalreihe. Paul, durch die Aktion abgelenkt, drehte sich noch weiter von Ju weg, der den unbeobachteten Moment nutzte, um sich an Pauls Hals zu werfen.

Doch das klappte nicht so, wie er sich das vorgestellt hatte, denn Paul drehte sich in genau diesem Moment wieder zu den anderen beiden aus der Gruppe.

Ju sprang den Mann lediglich an und brachte ihn aus dem Gleichgewicht. Ein Schuss löste sich, traf aber nur eine Whiskeyflasche, welche zersprang und deren Inhalt die Kartons herunterlief.

In diesem Moment verlor Paul all seine Hemmungen. Er wollte es dieser verfluchten Bande zeigen. Blitzschnell richtete er seine Waffe wieder auf Cath und schubste sie vor den Tresen.

„Ihr kommt jetzt auf der Stelle hierher oder der Kleinen hier passiert was."

Komischerweise gehorchten die beiden sofort.

Der Größere der beiden begann erneut: „Bitte lassen sie es mich Ihnen doch erklären. Wir dachten, Sie wüssten Bescheid."

„Fresse jetzt oder mir platzt gleich der Kragen. Bevor jetzt irgendein anderer etwas sagt, spricht erst einmal das Mädel. Bitte erzähl mir doch ernsthaft, was ihr hier macht.“, sprach er, zum Ende hin fast flüsternd und schon boshaft grinsend.

„Nun, wir sind hier, weil wir etwas suchen.“, sprach Cath mit zitternder Stimme.

„Und was bitte?“

„Ein kleines Logbuch.“

„Ich ticke hier gleich aus – Ich habe gesagt keine Lügen! Wartet einen Moment, ich muss mal eben etwas holen. Und wehe einer von euch rührt sich!“

In diesem Moment ging Paul langsam und ständig mit der Schrotflinte auf Cath zielend hinter den Verkaufstresen und holte einen länglichen Gegenstand hervor.

Ruhig begann er zu erklären: „Das hier ist ein elektrischer Wachsstempel. Funktioniert ähnlich wie eine Heißklebepistole, wird nur etwas heißer. Wir benutzen den Wachs, der unten rauskommt, eigentlich zum Versiegeln von Whiskeyflaschen oder für Präsentkörbe. Nun, und wenn ihr weiter so einen Stuss redet, kann es sein, dass ich euch damit eine Erinnerung einbrenne."

„Nun, aber wir sagen doch-…"

Er unterbrach sie und sprach langsam Wort für Wort weiter: „Streck bitte mal deinen Arm aus."

Zeitgleich steckte er den Stecker des Wachsstempels in die Steckdose.

„Wir müssen jetzt noch etwa fünf Minuten warten, bis der Wachs angeschmolzen ist. Diese Zeit will ich euch noch geben, um mir die Wahrheit zu sagen."

Langsam begann er Gefallen daran zu finden, die Eindringlinge etwas auf die Folter zu spannen.

Er fühlte sich sicher. Die drei Freunde waren bei ihm illegal eingedrungen und vor Gericht würde ihm jeder glauben, dass er sich gegen die Einbrecher verteidigt hatte. Er glaubte das Gesetz auf seiner Seite zu haben.

Am Wachsstempel leuchtete eine kleine grüne Lampe auf. Er war bereit. Seine Hand griff das Werkzeug, zog den Arm von Cath auf die Tischplatte und öffnete das Ventil um den glühend heißen Wachs freizugeben.

Cath schrie und wehrte sich, doch Paul drückte den Arm immer wieder mit seinem ganzen Körpergewicht auf die Tischplatte. Der Wachs tropfte auf ihre Hand und härtete aus.

In diesem Moment griff die Hand von Cath nach dem Stempel.

Dadurch kurz abgelenkt, versuchte Phil erneut Paul die Schrotflinte abzunehmen.

Wieder löste sich ein Schuss. Diesmal traf er. Direkt in Phils Brust.

Dieser fiel auf der Stelle auf die Knie und dann nach hinten.

Ein dumpfer Aufprall. Er war tot.

Einen kurzen Moment waren alle wie gelähmt und hielten die Luft an.

Ju und Cath konnten nicht glauben so eben ihren besten Freund verloren zu haben. Paul war fassungslos. Er hatte seine Drohung wahrgemacht und wollte sie direkt wieder rückgängig machen, doch das ging nun nicht mehr.

Geschockt ließ er alles, was er in seinen Händen hielt, los. Der Mund klappte ihm auf. Die Waffe viel scheppernd auf den Boden.

„Ich habe das nicht gewollt."

Doch Ju und Cath hörten gar nicht, was er sagte. Sie hatten sich zu Phil gebeugt. Cath fühlte seinen Puls am Handgelenk und schüttelte den Kopf. Ihre Tränen begannen zu laufen. Tot.

Paul stand immer noch reglos und ungläubig da. In diesem Moment rannten Cath und Ju einfach los. Weg von hier, weg von Phils Mörder . Weg von diesem verfluchten Cache.

Paul sah sie an der nächsten Hausecke Deckung suchen. Einer der beiden zückte ein Handy, sie würden die Polizei rufen. Doch das war Paul egal.

Als das Großaufgebot der Einsatzwagen wenige Minuten später eintraf, fanden sie neben der Leiche von Phil noch eine zweite. Es war Paul. Er hatte sich selbst gerichtet. Wie eine Maulsperre hatte er die Schrotflinte in den Mund genommen und abgedrückt.

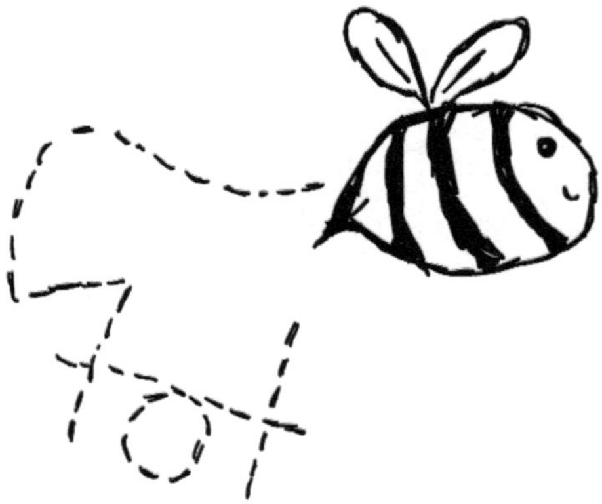

Boris Bee

Was ihn schon immer fasziniert hatte, war, wie dumm und naiv manche Menschen doch waren.

Manchmal gab es Tage, an denen saß er wie heute nah am Fenster hinter einer großen Scheibe. Er schaute hinaus auf das große weite Feld und fühlte sich wie der König der Welt, wie Gott. Er saß oft an diesem Platz.

Menschen waren für ihn vorhersehbare und berechenbare Wesen. Er war es, der seinen Freund Boris – eigentlich war es kein Freund, nur eine zufällige Bekanntschaft, ein eher zufällig gewähltes Opfer – das Spiel Geocaching gezeigt hatte. Gemeinsam hatten sie die

Faszination für dieses Hobby entwickelt und nach und nach reiften seine Pläne um Boris zu töten und so seine Macht erneut zu beweisen. So war er eben.

Anfangs hatte er sich gefragt, ob Boris nicht doch einfach nur „ein Freund“ sein konnte und ob er seinen schlussendlichen Plan auch wirklich umsetzen sollte. Aber er änderte seine Pläne nie, schon gar nicht wegen einer wertlosen Freundschaft. Nein, er wollte der ganzen Welt zeigen, welche Macht er über die Menschen ausüben konnte. Er hielt sich für Gott.

Boris sah ihn als guten Freund und genau das nutzte er aus.

Er erfuhr immer mehr über Boris und sammelte alle Informationen fein säuberlich an einer großen Pinwand zuhause.

Irgendwann, es musste vor weniger als vier Monaten gewesen sein, erfuhr er am Rande eines Gespräches ein verhängnisvolles Detail über Boris. Manch einer hätte einfach drüber hinweggehört und es schon nach kurzer Zeit vergessen, doch so jemand war er nicht. Er fügte seinem imaginären Steckbrief über Boris diese Information hinzu. Boris hatte eine hochgradige Bienengiftallergie. Schon ein Bienenstich zog einen anaphylaktischen Schock nach sich. Und genau das wollte er sich zu Nutze machen, um Boris zu töten. Er war noch nicht einmal dabei, wenn der Mord geschehen würde, aber trotzdem würde alles auf seinen Befehl hin und unter seiner Order geschehen.

Heute gegen 11.35 Uhr würde er Boris das Listing eines neuen Multicaches zuschicken. Den Cache hatte er gelegt und Boris sollte den neuen Multi vor der Veröffentlichung testen. Das schrieb er Boris im Message Center des GC-Forums.

Bald darauf würde er Boris den Cache ahnungslos suchen lassen, doch die „Überraschung" am Ende des Caches an der tödlichen Finallocation hatte er Boris noch verschwiegen.

Das Final-Versteck bestand aus einer präparierten Regentonne. Diese hatte er ganz typisch für einen Geocache in Tarnfarben eingesprüht und gut versteckt unter einem Jagdhochsitz in den Boden eingelassen, sodass sie nur noch ca. zehn Centimeter aus dem Boden herausschaute.

In der Regentonne befand sich ein Bienennest. Er hatte drei einzelne Wabenplatten von einem Imker gestohlen, die Bienen mit Lachgas aus Druckbehältern für Sahnesprühflaschen betäubt und sich so ein Zeitfenster von ca. sechs Stunden eröffnet. Diese Zeit durfte also zwischen dem Diebstahl der Waben und dem Fund des Verstecks vergehen, sonst würden die Bienen sterben und nicht Boris. Wenn Boris den Cache finden würde, würden die Bienen erwacht sein, denn Boris hatte an einer der voran gegangenen

Stationen einen fast unsichtbaren Sensor ausgelöst, der das Lachgas verfliegen lies und den Bienen Sauerstoff zum Atmen gab. Hier blieb ungefähr ein Zeitfenster von 20, vielleicht 30 Minuten, denn die aktiven Bienen würden mehr Kohlenstoffdioxid freisetzen und nach dem Verbrauch der Atemluft sterben, da der Raum bis auf den Gastank zum Austausch von Lachgas und Atemluft luftdicht isoliert war. Natürlich diente diese Isolierung zum einen dazu die Bienen im Behältnis zu halten, aber auch dazu, dass Boris die Bienen erst hörte, wenn sein Tod unmittelbar bevorstand. Wenn Boris den Cachedeckel öffnete, würde er dort wie üblich ein Logbuch und ein paar Tradeitems finden. In diesem Moment würde Boris live auf einen großen Flachbildschirm bei ihm übertragen werden und so konnte er auf die Sekunde genau den Zeitpunkt bestimmen, an dem die Bienen ins Freie gelangen sollten um aggressiv, wie sie durch die Haft geworden waren, Boris zu Tode zu erschrecken und zu erstechen – im wahrsten Sinne des Wortes.

Für diesen Moment hatte er auch noch ein kleines Mikrophon und einen Lautsprecher im Cacheinneren verbaut, um in den letzten Minuten mit Boris reden zu können.

In dieser Zeit würde er ihm vorzeigen, wie dumm Boris doch eigentlich gewesen war.

Boris war ein berechenbarer Mensch und so würde er viel zu spät realisieren, was gerade geschah und erst dann versuchen die Flucht zu ergreifen, wenn die Falle über ihm zugeschnappt war. Der anaphylaktische Schock würde folgender Weise ablaufen:

Als erstes würde Boris von schnell einsetzendem Schwindel und von Kopfschmerzen geplagt werden. Es würden Kreislaufprobleme und Übelkeit folgen. Spätestens dann würden sich auch rote Flecken an allen Einstichstellen der Bienen bilden. Es sehr viele sein.

Schlussendlich würde er entweder an einem Herzinfarkt sterben, denn die blanke Panik würde sein Herz einen

Marathon laufen lassen, oder er würde an Atemstillstand sterben, da auch die Lungenmuskulatur von dem Bienengift gestoppt wurde und seine Luftröhre durch die vielen Schwellungen ebenfalls verengt war. Egal was passieren würde, er würde es dem Zufall überlassen, solange er sicher sein konnte, dass Boris am Ende tot sein würde. Dies war das einzige Detail, was nicht von ihm vorbestimmt worden war.

BOOM!

GIGA

Es war „der“ Samstag im Mai, als Chris das Eventgelände betrat. Dies war sein Tag, denn gemeinsam mit seinem Team hatte er seit knapp zwei Jahren alles vorbereitet. Bis in die Morgenstunden hatten sie auf dem Gelände alles aufgebaut, damit dieser Tag, der Eventtag des größten GIGAs aller Zeiten, ein unvergesslicher werden würde – und das sollte er auch werden.

Heute konnte es endlich losgehen. Rund um das Gelände parkten schon auffällig viele Autos mit TB-Käfern hinter den Scheiben.
Durch einen Seiteneingang parallel zum Haupteingang gelangte er zum

Herzstück des Events. Die große Aktionshalle mit der Händlermeile, der Programmbühne und einem T5-Kletterturm. Genau in der Mitte des riesigen Raumes stand noch ein weiterer kleiner Turm, eher eine große Box. Sie war neonfarben grundiert und mit einigen Symbolen versehen. Auf knapp drei Metern Höhe las man das Wort „Logbuch“ gefolgt vom GC-Code des Events.

Chris ging quer durch die Halle zu einem der vielen Informationstische, um hier seine erste Schicht wahrzunehmen. Er sollte heute die vielen Fragen der Cacher beantworten, die noch nicht so oft auf einem GIGA gewesen waren oder die sich in der Gegend nicht so gut auskannten.

Die Halle füllte sich immer weiter, alles lief nach Plan.

Chris konnte ein junges Pärchen beobachten, welches an einem der Stände ein paar neue Geocoins kaufte. Er sah eine Familie, die sich paar der wenigen Sitzplätze vor der Bühne sicherte, bevor die offizielle Eröffnung des Events bekannt gegeben wurde. Chris sah bereits die lange Schlange, die sich vor einem der Crêpes-Stände immer mehr formierte.

Da klingelte sein Handy und intuitiv wusste er, das dies nichts Gutes bedeuten konnte. Als hätte er eine Vorahnung gehabt.

Aus dem Augenwinkel sah er, wie die Eingangstüren geschlossen wurden. Irgendwas lief hier gewaltig schief. Denn die Fluchttüren sollten eigentlich den gesamten Eventtag geöffnet bleiben.

Nummer unbekannt – er nahm den Anruf entgegen.

Am anderen Ende der Leitung hörte er eine verzerrte Männerstimme: „Guten Tag Chris. Wie wir sehen, ist euer Event sehr gut besucht! Nun, wir haben da noch eine kleine Überraschung für euch. Schau mal geradeaus zum Logbuch."

Chris konnte nichts sagen, denn er war wie gelähmt. Irgendwer hatte etwas gegen die Eventorgateam geplant. Als Chris gerade noch rechtzeitig zum

Logbuch schaute, klappten die besprayten Holzwände zu allen Seiten weg. Wie durch ein Wunder trafen sie niemanden der Umstehenden. Doch was sie freigaben, raubte Chris nochmal mehr den Atem.

„Jap, Chris, du siehst richtig. Vor euch stehen 20 Kilogramm Sprengstoff. Nun ja, man könnte sagen, ihr hattet einen Judas im Team und der hat uns geholfen, diese Überraschung umzusetzen."

Man hörte Menschen schreien. Auch sie realisierten langsam, was dort vor ihnen zum Vorschein gekommen war.

Die ersten Menschen drängten zu den Ausgängen, doch diese waren von außen verschlossen.

Wieder der Anrufer am Handy: „Nun, wir werden uns nun mit der Polizei vor Ort in Verbindung setzen und ein paar Forderungen stellen. Mit etwas Glück gehen sie darauf ein. Dann wird euch nichts passieren. Tun sie das nicht, dann... nun, du kannst es dir denken.

Weshalb ich überhaupt anrufe: wäre es möglich, dass du ein wenig für Ruhe sorgst? Sonst kommt noch jemand zu Schaden, obwohl wir nicht gezündet haben."

Man hörte ein fieses Lachen und dann ohne ein weiteres Wort legte der Unbekannte auf.

Chris stand auf und drängte sich zur Bühne durch. Dort ergriff er eines der Mikros.

„Bitte bewahren Sie Ruhe! Die Polizei weiß bereits Bescheid! Alles wird gut ablaufen und niemanden von Ihnen passieren!“

Seine Ansprache wiederholte er in ähnlicher Form ein paar Mal. Dann, nachdem sich alle den Umständen entsprechend beruhigt hatten, ging er zu seinem Team, welches sich bereits rund um einen Tisch versammelt hatte.

Unerwartet ruhig und sachlich wiederholte er die Informationen, die er durch den Anruf bekommen hatte.

Und dann begann die schlimmste Phase. Das Warten. Die ständige Angst, vor einer riesigen Explosion erfasst zu werden. Den Tod stets vor Augen.

Anrufe nach außen waren nicht möglich. Keines der Mobiltelefone hatte Empfang, die Geiselnehmer hatten wohl irgendwie die Leitungen manipuliert.

Und so warteten sie knapp zwei Stunden. Nach einer Weile war es unheimlich still in der Halle geworden. Alle hatten sich auf den Boden gesetzt und dachten nach. Jeder war ganz vertieft in seine vielleicht letzten Gedanken.

Dann kam Chris auf eine Idee und musste unwillkürlich lächeln. Geocacher hatte immer alles Mögliche in ihren Rucksäcken, denn die Ausrüstung wuchs stetig. Und vielleicht hatte ja auch jemand ein Satellitentelefon dabei.

Und tatsächlich. Er brauchte nur eine kurze Durchsage machen und hielt wenig später ein solches Satellitentelefon in der Hand. Mit etwas zittrigen Fingern wählte er die Nummer der Polizei.

Nach einem kurzen Gespräch, in dem er nochmals den Inhalt des Telefonats wiederholte, erfuhr er, dass die Polizei bereits fieberhaft an einer Übergabe arbeitete, kam er auf eine Idee.

„Nun, wir sind hier in einer Halle mit knapp 3000 Menschen eingeschlossen. Da wird sich doch bestimmt jemand mit einer ruhigen Hand finden lassen. Meinen Sie, Sie könnten uns mit einem Experten verbinden, dem wir die Bombe beschreiben können, um sie dann unter seiner Anleitung zu entschärfen?“

Die erste Antwort des Kommissars am anderen Ende lautete nein und kurz darauf legten beide auf. Nachdem weitere eineinhalb Stunden vergangen waren, telefonierte Chris dann aber mit einem Experten. Es hatte wohl weitere Komplikationen mit dem Erpresser gegeben. So hatte man die Situation anders bewertet und die Entschärfung ohne anwesendes Fachpersonal als risikofreier eingeschätzt. Das Leben dieser Menschen stand eben auf dem Spiel.

Chris selbst sprach mit dem Experten. Er hatte sich bereits mit seinem Multitool ausgerüstet und direkt zur

Bombe hinbegeben. Er spürte wie sein Puls vor Aufregung stieg, aber er blieb äußerlich ruhig.

Nun beschrieb er dem Experten am Telefon die Bombe.

„Die Sprengstoffbündel sind verbunden mit ein paar Drähten. Diese führen gebündelt zu einer Platine. Eines der Kabel ist Blau, eines Rot. Hier steht noch eine Seriennummer am Zünder – TS-K567. Können Sie damit was anfangen?"

„Nun", sagte der Mann am Telefon. Das sollten wir recht schnell gelöst haben. Sind Sie sicher, dass es nur diese beiden Hauptkabel gibt? Dann müssten Sie das Rote vorsichtig durchschneiden. Wichtig ist nur, dass sich wirklich kein weiteres Kabel an der Anlage befindet. Also trennen Sie das rote durch!“

Chris zitterte leicht, doch fest entschlossen nahm er sein Multitool und setzte es am Kabel an.

Noch einmal schaute er, ob nicht doch noch irgendwo versteckt ein schwarzes Kabel war, dann durchtrennte er das rote Kabel.

Es begann ein schrilles Piepsen, so, wie man einen Countdown aus Filmen kannte. Das Piepsen wurde immer schneller, bis es zu einem Ton anschwoll.

Doch dann hätte irgendwann die Explosion folgen müssen. Sie blieb aus. Der Countdown verstummte und man hörte ein erleichtertes Ausatmen aller Anwesenden.

Chris war erleichtert. Die Bombe war entschärft.

Anhang

Nachwort

Nun, da ihr alle Krimis gelesen habt und ihr beim Lesen hoffentlich viel Spaß hattet, möchte ich noch ein paar Worte an euch richten!

Bitte seid vorsichtig, besonders wenn ihr allein im Wald unterwegs seid! Passt immer gut auf euch auf, der nächste Schrecken ist näher an euch dran, als ihr es euch vorstellen wollt.

Aber im Ernst: Ich wünsche euch noch viel Erfolg bei euren Abenteuern, die euch da draußen noch erwarten. Sorry, dass der ein oder andere Nachtcache für euch nun etwas gruseliger wird!

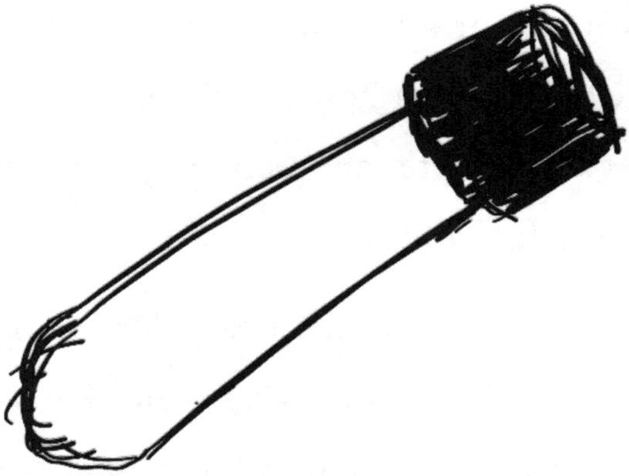

Was ist Geocaching?

Geocaching ist eine Art moderne Schnitzeljagd. So kennen es die meisten. Aber hinter dem Begriff steckt noch so viel mehr.

Geocaching ist eine der besten Möglichkeiten jeden in die Natur zu locken. Hinter dem Begriff „Geocaching“ stehen rund sieben Millionen Motivierte, die sich aktiv wie passiv für ihr Hobby einsetzen.

Als Geocacher fordert man sich genau zu dem, was man kann, zu was man Lust hat und zu dem man fähig ist. Geocaching ist ein sehr breites Thema mit verschiedensten Facetten. Auf der ganzen Welt suchen und verstecken die

Geocacher Dosen, Geocaches genannt. Geocaches können von kleinen Brotdosen bis zu großen Munitionsbehältern alles sein.

Als Geocacher musst man diese Container finden. Wenn man einen Geocache gefunden hat, trägt man sich in ein Logbuch mit seinem Nickname ein und kann den Cache auf einer Geocaching-Website loggen.

Auf solch einer Website sind alle Caches mit Koordinaten und einigen Hinweisen gesammelt.

Einige Caches sind schnell zu finden, für andere musste man viele Kilometer zurücklegen.

Caches können leicht versteckt oder schwer zu finden sein, aber im Laufe der

Zeit bekommt man ein Auge für typische Verstecke. Den meisten Spaß habe ich aber allerdings an der großen Vielfalt an verschiedenen Caches und der Kreativität der Owner!

Weitere Fachbegriffe erläutere ich auf den folgenden Seiten!

Für mehr Informationen: schau auf meinem Blog (www.kapuzinera.wordpress.com) vorbei und informiere dich über Social Media (@kapuzinera)!

?!

Glossar

DNF – Abkürzung für “Do not found”. Dies schreibt man in seinen Log, wenn man einen Cache nicht finden konnte.

D-Wertung – Difficulty-Wertung, steht für die Schwierigkeit des Caches und ist im Listing zu finden. D5 ist die höchstmöglichste Wertung, D1 die niedrigste.

GC – Abkürzung für das Geocaching

Giga – Organisiertes Treffen, auch genannt Event, von Geocachern mit mehreren Tausend Teilnehmern.

Listing – Übersicht eines Caches auf Geocachingwebsites

Multi – Cachetyp, bei dem mehrere Stationen zum Finale führen.

Mysterie – Cachetyp, vor welchem man ein Rätsel lösen muss, bevor man die Koordinaten des eigentlichen Caches erhält.

Nachtcache – Ein Cache, meist ein Multi, der nur Nachts gefunden werden kann. An den Stationen sind dann u.a. kleine Reflektoren versteckt.

Powertrail – Dieser ermöglicht, dass man in kurzer Zeit viele Dosen finden kann. Dies machen einige Cacher um ihre Statistik aufzubessern.

Tradeitems – Tauschgegenstände, die sich in einem Cache als eine Art Schatz befinden.

Tradi – Traditionelle Art eines Geocaches: das Cachefinale befindet sich direkt an den im Listing angegebenen Koordinaten.

T-Wertung – Die T-Wertung eines Caches beschreibt den körperlichen Anspruch eines Geocaches. T5 ist die höchstmöglichste Wertung, T1 die niedrigste.

Wer ist der Autor?

KapuzinerA ist ein junger Blogger vom Niederrhein.

Der Autor schrieb neben seinem eigenen Blog (www.kapuzinera.wordpress.com) auch schon für diverse andere Seiten, sowie für Europas meist gedrucktes Geocachingmagazin.

In seiner Freizeit ist er gerne in der Natur zum Cachen, aber auch zum Fotografieren und entdecken.

Mit einem Profil ist er auch bei Instagram sehr aktiv und postet dort fast täglich Beiträge rund ums Cachen und Reisen (@kapuzinera).

Edelweis 27
DerHamminkelner

Annika149
TEAM (LAURENZ, VALENTIN, FLO)
joerg75
DieMaxis
EDDIE_McHELL
Jul91 & Viola
Na_He TFTC
KeMaKids
tony_98
Tomram TFTC!
Leissner112
Kingaloo
joschua.v
Skorpionkreis91
Kalisa_
erlenzeisig
BudSidewinder TFTC
BlvckKnife
AndyOldNo7
EhmkeBande
MegaFort
freeda reist

biotonne88
BerlinMahlsdorf
SkorpionTank81
GrossATuin
2cachefinder TFTC

FCCamper TFTC
uhu2011
Knutimo
MaFaSeAl
Marek665
michaundkaro
Die Basaltköpp

Danksagung

Dieses Buchprojekt ist für mich das erste seiner Art. Deshalb möchte ich besonders all denen danken, die mir geholfen haben, die Idee und das Konzept hinter diesem Buch umzusetzen. Ein besonderer Dank gilt hier meinen Betalesern Annika149, Edelweiß27 und dem Hamminkelner.

Vielen Dank auch allen Bloggern, die dieses Buch bereits vor der Veröffentlichung gelesen haben und mir so erstes Feedback gegeben haben!

Außerdem danke ich allen Cachern, mit denen ich schon die ein oder andere Cachingtour gemacht habe. Jede einzelne hat zu den Inspirationen für diese Geschichten beigetragen.

Und ich möchte mich noch bei allen Abonnenten meines Blogs sowie meiner Instagram-Seite bedanken, denn auch ihr habt dieses Buch geprägt und zu etwas ganz besonderem gemacht!

Da meine Mitcacher und Freunde, aber auch viele Follower und Bekannte dieses Buch durch den ständigen Austausch sehr bereichert haben, konnten diese sich hier im Communitylogbuch verewigen. Vielen Dank nochmals an jeden einzelnen von euch für eure Unterstützung!

Die nette Muggelomi

GeoVulkaneifel Muf6. NIERSBOOT

Oa we ! VV

Kayoders and Family

Saniafeh & Marty McFly77

Speedyphilip

Mbone 204

ChrisTitan1209 CCC aR Bandermann

MBMCP TFTC Kojak1978

Ute22

ElmonchyliRudiRüssel11 TFTC

Mister_Schnuff Team Bornie

Misses_Schnuff king-ton FamilieWenn

alderkammer Pfurzhase Dosenmädchen

Team K.K.G.

Daniel Z 1547 / Domi 79

Mr_Undercover kaob27

D. S. L. ICEBEAR469

ellijuljett & Scholek cuba-liebre

Pecunia Der Defibrillator

neta_Kolumna Ziegenwiese

ISBN 978-3-7529-5787-7
9 783752 957877 00001
www.epubli.de